高等职业技术院校汽车类专业

汽车钣金维修（第三版）习题册

张启森　主编

中国劳动社会保障出版社

简介

本习题册为高等职业技术院校汽车类专业教材《汽车钣金维修(第三版)》的配套用书。本习题册紧扣教学要求，按照教材章节顺序编写，知识点分布均衡，题型丰富多样，难易配置合理，适合学生复习和巩固知识使用。

本习题册由张启森任主编，蔡祥、周云任副主编，胡昊、李方、任永潇、蒋达、王婷参加编写，彭桂枝任主审。

图书在版编目（CIP）数据

汽车钣金维修（第三版）习题册 / 张启森主编. -- 北京 : 中国劳动社会保障出版社，2023
高等职业技术院校汽车类专业
ISBN 978-7-5167-5786-4

Ⅰ. ①汽…　Ⅱ. ①张…　Ⅲ. ①汽车 - 钣金工 - 维修 - 高等职业教育 - 习题集　Ⅳ. ①U472.4-44

中国国家版本馆 CIP 数据核字（2023）第 043884 号

中国劳动社会保障出版社出版发行

（北京市惠新东街 1 号　邮政编码：100029）

*

涿州市星河印刷有限公司印刷装订　　新华书店经销

787 毫米 ×1092 毫米　16 开本　3.5 印张　80 千字

2023 年 3 月第 1 版　　2025 年 11 月第 5 次印刷

定价：9.00 元

营销中心电话：400-606-6496

出版社网址：http://www.class.com.cn

http://jg.class.com.cn

目　录

项目一　汽车车身钣金件认知与维修安全

任务1　汽车车身钣金件的组成与维修类型

一、填空题（将正确答案填写在横线上）

1．汽车车身钣金件主要由发动机罩、________、_________、______、_____________、车顶、____________、车门、车身底板等部件组成。

2．发动机罩应具有足够的________、安全性和密封性。

3．___________的主要功能是保护车身，减轻对被撞物体和人员的伤害程度；作为外部装饰件，美化汽车造型。

4．汽车的行李舱主要由行李舱门、行李舱门__________、行李舱门_________、行李舱门支承、行李舱门内板、警示牌等组成，部分汽车的行李舱门还带有______________等。

5．根据组成部件数量和组成方式的不同，保险杠可分为_________保险杠和__________保险杠两类。

二、选择题（将正确答案的序号填入括号内）

1．翼子板的厚度一般为（　　）mm。

A．0.4 ~ 0.6　　B．0.6 ~ 0.8

C．0.8 ~ 1.0　　D．1.0 ~ 1.2

2．发动机罩是发动机舱的重要组成部分，主要有密封、美观和（　　）三方面功用。

A．防护　　B．遮挡

C．导流　　D．覆盖

3．门槛护板通常焊接在底板和立柱上，且与（　　）柱连接。

A．A　　B．B

C．C　　D．D

4．车顶是客舱顶部的盖板，通常焊接在（　　）上。

A．立柱　　B．行李舱

C．发动机罩　　D．翼子板

5．车身底板是全车焊接的基础件，因此对其（　　）要求很高。

A．刚度　　B．强度

C．塑性和韧性　　D．硬度

6．（　　）柱的功能之一是固定后风窗玻璃。

A．A　　　　　　　　　　B．B

C．C　　　　　　　　　　D．D

三、判断题（正确的在括号内打“√”，错误的在括号内打“×”）

1．A 柱的作用是固定前风窗玻璃、安装车门等。（　　）

2．因考虑视野等要求，B 柱的上部通常做得比较粗大，下部做得细小。（　　）

3．行李舱门内板上安装加强筋，主要是为了提高行李舱门的强度和吸能效果。（　　）

4．前围挡板总成位于客舱前部，通过防火板使发动机舱与客舱分开。（　　）

5．前围挡板总成具有良好的隔热、减振和隔音效果。（　　）

6．减振器塔座能协助实现力的分散和平衡。（　　）

四、简答题

1．简述车门的类型和结构。

2．简述汽车车身钣金件的维修类型。

3．简述翼子板的功用。

4．简述门槛护板的功用。

五、实践与练习

简述图 1–1 中各汽车车身部件的名称。

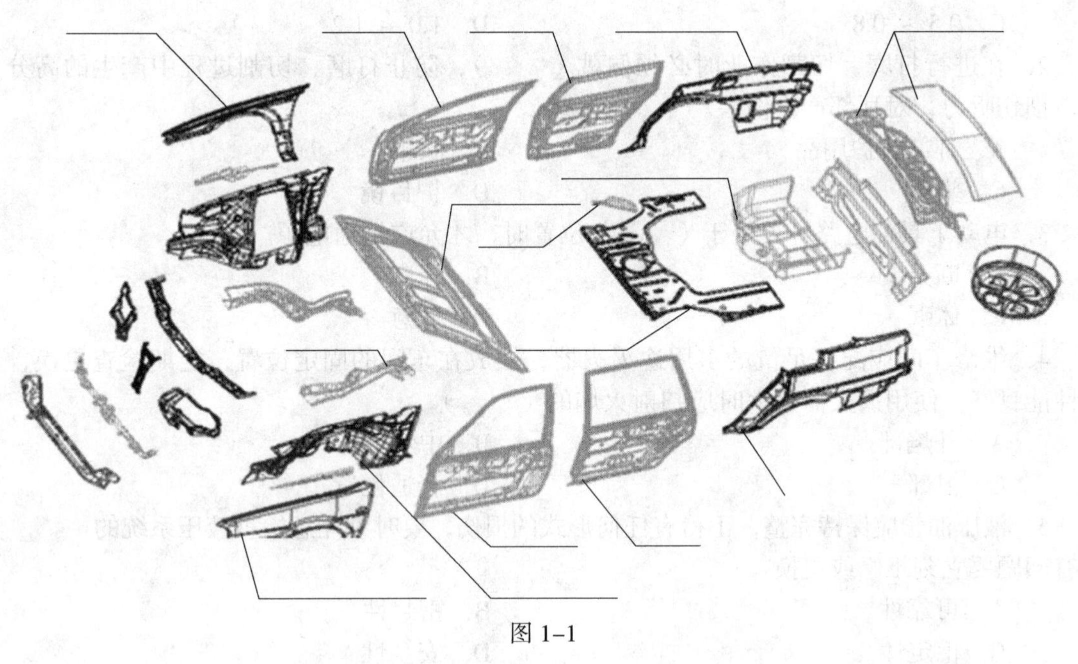

图 1–1

任务 2　汽车钣金维修安全与防护

一、填空题（将正确答案填写在横线上）

1．汽车钣金维修车间内各类电路、气路的性能和参数应保证＿＿＿＿＿＿＿＿，场地通风应＿＿＿＿＿＿，各类消防设施应＿＿＿＿＿＿＿。

2．在进行＿＿＿＿＿＿、＿＿＿＿＿＿等工作时必须佩戴防护口罩，防止产生的＿＿＿＿＿＿＿、＿＿＿＿＿＿＿＿等进入呼吸系统。

3．作业时应穿戴__________，防止______、______、______，还可避免机油等化学品损伤手部。

4．使用车身校正仪时，必须遵守____________________。

5．在使用车身校正仪的链条前，必须保证链条没有_________、_________、_________等现象，应定期检查链条有无刻痕、凹槽、扭曲、弯曲或拉长，附件有无损坏。

二、选择题（将正确答案的序号填入括号内）

1．车间内的气源压力通常为（　　）MPa。

A．0.2 ~ 0.5　　　　B．0.3 ~ 0.6

C．0.5 ~ 0.8　　　　D．1.0 ~ 1.2

2．在进行打磨、切割作业时必须佩戴（　　），防止打磨、切割过程中产生的高分贝噪声损伤听力，对耳部产生伤害。

A．耳部防护用品　　　　B．眼罩

C．头盔　　　　D．护目镜

3．电动工具的电路开关处于（　　）位置时，才允许接通电源。

A．断开　　　　B．开启

C．休眠　　　　D．任意

4．维修车间应配备足量的多用途灭火器，摆放在车间的固定位置，定期检查更换，保证性能良好。使用灭火器灭火时应扫射火焰的（　　）。

A．外焰部　　　　B．中焰部

C．根部　　　　D．合适位置

5．液压油管应保持完整，不得有任何形式的损伤，要时刻注意检查液压系统的（　　），如有问题要立刻维修或更换。

A．可靠性　　　　B．密封性

C．稳定性　　　　D．安全性

三、判断题（正确的在括号内打“√”，错误的在括号内打“×”）

1．吹气枪可以直接对着皮肤吹。（　　）

2．汽车维修企业应在车间设有明显的安全警示标志。（　　）

3．配电箱中的三孔、四孔插座要保证接地良好且插线不能外露，焊机的电源线不宜过长，以免造成线路过热损坏。（　　）

4．可以用压缩空气来清洁衣物。（　　）

5．使用锐利或有尖角的工具时应当小心谨慎，以免伤及人身或物品。（　　）

四、简答题

1．简述灭火器的使用方法。

2．汽车钣金维修人员在进行打磨、切割、钻孔时需要佩戴哪些防护用品？

3．在进行汽车钣金维修作业时，如遇紧急情况应如何处理？

项目二　典型车身钣金件的拆装与调整

任务1　翼子板的拆装与调整

一、填空题（将正确答案填写在横线上）

1. 车身翼子板分为____________和____________。

2. 前翼子板一般用螺栓与__________相连接，后端通过中间板和__________相连接，前端和散热器框架的延长部分及灯具架相连接，侧面与__________相连接。

3. 汽车车身维修常用的扳手类型主要有__________、__________、__________和__________等。

4. 事故汽车前部与其他车辆相撞，造成前翼子板严重变形，需先将__________、__________、__________等一一拆卸，再进行翼子板的拆卸和修复。

5. 活动扳手由__________部分和__________部分组成，扳手的开度大小可以调整。

二、选择题（将正确答案的序号填入括号内）

1. 要拆装所处空间狭小的标准规格的螺栓、螺母，特别是螺栓、螺母需用较大力矩拆装时，应尽量使用（　　）。

A. 呆扳手　　B. 梅花扳手
C. 活动扳手　　D. 套筒扳手

2.（　　）与接杆配合，可加快拆装速度，提高拆装质量。

A. 呆扳手　　B. 梅花扳手
C. 活动扳手　　D. 套筒扳手

3. 翼子板更换或修复完毕后，应对间隙进行调整，翼子板与发动机罩和前照灯、翼子板与车门间的间隙应均匀，且不大于（　　）mm。

A. 3　　B. 4
C. 5　　D. 6

4. 可以使用（　　）清洗扳手。

A. 酸溶液　　B. 碱溶液
C. 水　　D. 煤油

三、判断题（正确的在括号内打“√”，错误的在括号内打“×”）

1. 在进行翼子板拆卸和装复时，不得刮碰其他部件的表面和涂层。（　　）

2. 可以使用内孔磨损过度的梅花扳手。（　　）

3．扳转活动扳手时，可随意在活动扳手的手柄上加套管或锤击。（　　）

4．取下保险杠时应当两人共同配合。（　　）

5．可以将活动扳手当锤子使用。（　　）

四、简答题

1．简述车身翼子板的拆卸过程。

2．简述车身翼子板的调整方法及调整要求。

任务 2　保险杠的拆装与调整

一、填空题（将正确答案填写在横线上）

1．根据结构的不同，保险杠可分为____________保险杠和____________保险杠两类。

2．普通型保险杠结构简单、质量轻，广泛应用于______汽车上。吸能型保险杠的安全保险性能好，安全系数较高，且与车身造型相协调，多应用于______轿车上。

3．普通型保险杠可分为________保险杠、___________________保险杠和___________保险杠。

4．钢制保险杠常用厚度为__________左右的钢板冲压成型，表面镀_______。

二、选择题（将正确答案的序号填入括号内）

1．（　　）保险杠可以有效减轻车体自重，并且在高速碰撞过程中的性能优势显著。

A．钢制　　B．碳纤维
C．整体成形树脂型　　D．以上均是

2．（　　）保险杠结构简单，但发生局部碰撞变形后会影响到整个车身。

A．钢制　　B．碳纤维
C．整体成形树脂型　　D．以上均是

3．吸能型保险杠一般分为（　　）吸能型保险杠和筒状吸能型保险杠两种类型。

A．直接　　B．间接
C．组合　　D．复合

4．筒状吸能型保险杠在活塞中充入油和（　　），利用液压油的阻尼作用吸收冲击能量。

A．水　　B．空气
C．泡沫　　D．橡胶

5．整体成形树脂型保险杠的特点是（　　）。

A．重量大　　B．重量小
C．不易成形　　D．以上均是

三、判断题（正确的在括号内打“√”，错误的在括号内打“×”）

1．在拆卸整体成形树脂型保险杠时，应首先拆卸前格栅，打开各连接螺栓盖罩。（　　）

2．取下保险杠总成后，不得将保险杠面罩与摩擦系数大的物体接触。（　　）

3．对前保险杠的位置进行调整时，应注意将保险杠上部与前翼子板对齐。（　　）

4．钢制保险杠与整体成形树脂型保险杠的拆装过程完全相同。（　　）

四、简答题

1．简述钢制保险杠的拆卸过程。

2．简述保险杠的功用。

3．简述吸能型保险杠的吸能原理。

任务3　发动机罩的拆装与调整

一、填空题（将正确答案填写在横线上）

1. 发动机罩的维修通常分为三种情况：____________的维修、____________的维修和____________的拆装。

2. 汽车的发动机罩附件主要包括________________、发动机罩支撑杆、________________、发动机罩锁开启拉索等。

3. 对发动机罩的位置进行调整时，应将发动机罩前缘与____________前缘对齐。

4. 发动机罩是遮盖和保护发动机的车身钣金总成，除了能保护发动机外，还具有________、________和____________的功能。

5. 调整发动机罩的高度时，可以借助______________和______________对发动机罩做上、下调整。

二、选择题（将正确答案的序号填入括号内）

1. 发动机罩开启拉索一般在驾驶区的（　　）。

A．右下方　　B．左下方

C．后方　　D．不确定位置

2. 汽车的发动机罩主要由外板、内板、加强梁和隔音胶组成，并于内板和外板的四周施加卷边以取代（　　）。

A．固定　　B．连接

C．焊接　　D．粘结

3. 两人配合拆卸发动机罩铰链，注意一人在拆卸的同时，另一人用手托住发动机罩尾部光角处，防止发动机罩刮伤涂层和（　　）。

A．前风窗玻璃　　B．车身

C．部件　　D．结构件

4. 以下不属于发动机罩附件检查内容的是（　　）。

A．检查发动机罩的锁扣是否平稳解脱　　B．检查发动机罩铰链行程是否合适

C．检查发动机罩支撑杆工作是否可靠　　D．检查发动机罩的高度是否合适

三、判断题（正确的在括号内打“√”，错误的在括号内打“×”）

1. 发动机罩是发动机舱的上盖板。（　　）

2. 放置发动机罩时应注意表面不得与地面等摩擦系数大的表面接触。（　　）

3. 应注意发动机罩拆卸的位置或痕迹，以便调整发动机罩的间隙和位置。（　　）

4. 在拆卸发动机罩前不用拆下线束和连接器。（　　）

5. 若需要调整发动机罩的边缘曲线，可以用手搬动拱曲部位使其复位，也可以在发动

机罩前端垫上布团，然后用手掌轻轻压下拱曲部位，使其与翼子板边缘高度一致。（ ）

四、简答题

1．简述发动机罩的拆卸步骤。

2．简述发动机罩与翼子板及前围挡板之间缝隙的调整方法。

3．简述发动机罩高度的调整方法。

任务4　车门的拆装与调整

一、填空题（将正确答案填写在横线上）

1．车门是汽车车身的主要组成部分，是乘客上、下车或装卸货物的通道；在汽车行驶时，车门____________________，确保行车安全。

2．根据开关方式的不同，车门可分为__________车门、__________车门、__________车门、____________车门等。

3．车门通过__________与门立柱相连接，车门铰链通过螺栓或____________方式固定在门立柱和门框上。

4．车门本体的骨架部分包括______、______、窗框、加强板和外加强板。

二、选择题（将正确答案的序号填入括号内）

1．（　　）是车门的主要受力部件。

A．内板　　B．外板

C．窗框　　D．加强板

2．汽车门板和门内骨架通常以（　　）或粘接的方式接合在一起。

A．螺栓　　B．点焊

C．镶嵌　　D．以上均可

3．大多数附件都安装在车门（　　）上。

A．内板　　B．外板

C．窗框　　D．加强板

三、判断题（正确的在括号内打“√”，错误的在括号内打“×”）

1. 车门位于汽车的侧部，经常会出现刮伤、撞击、关闭不严、摇窗器故障等问题。（　　）

2. 为提高车门侧面的抗碰撞能力，门内通常还设有防撞杆。（　　）

3. 拆下车门内饰板前，需要断开蓄电池与所有电力附件的连接。（　　）

4. 装复车门时无须关注车门的位置和缝隙，将车门安装牢固即可。（　　）

四、简答题

1. 简述车门总成的装复过程。

2. 简述车门内部件的拆卸过程。

任务5　行李舱门的拆装与调整

一、填空题（将正确答案填写在横线上）

1．汽车行李舱门由__________、__________和__________三块板件组成。

2．为了方便行李的取放并保证行李舱门的开启角度，行李舱内设置了行李舱门__________________及行李舱门__________________。

3．行李舱门铰链常用__________，支撑杆则为_________或________________。

4．________式汽车有与客舱分开的行李舱，而________式汽车的行李舱则与客舱连为一体，成为相通的结构。

二、选择题（将正确答案的序号填入括号内）

1．拆卸行李舱门之前需要准备好（　　）和套筒扳手。

A．梅花扳手　　B．呆扳手

C．活动扳手　　D．棘轮扳手

2．行李舱门开启拉索一般在仪表板（　　）方或驾驶区座椅旁。

A．中下　　B．左下

C．右下　　D．中上

3．以下操作顺序正确的是（　　）。

A．先拔下牌照灯、行李舱灯等相关线束，再拆下行李舱门

B．先拆下行李舱门，再拔下牌照灯、行李舱灯等相关线束

C．先在行李舱锁座及行李舱门铰链处做标记，再拉动行李舱门开启拉索

D．以上均可

三、判断题（正确的在括号内打“√”，错误的在括号内打“×”）

1．汽车副驾驶室用于放置行李和物品。（　　）

2．进行行李舱门拆卸时，应沿行李舱边缘包上布片。（　　）

3．进行行李舱门拆卸时，应在行李舱门锁座及铰链位置处做标记，以便于按照原始位置进行装复并调整其位置。（　　）

4．可通过增减行李舱门与铰链的垫片来上、下调整行李舱门的位置。（　　）

四、简答题

1．简述行李舱门的拆卸步骤。

2. 简述行李舱门的调整方法。

任务 6 照明及信号灯的拆装与调整

一、填空题（将正确答案填写在横线上）

1. 汽车照明及信号系统主要包括__________、雾灯、组合后灯、牌照灯、__________、车内照明灯等。

2. 汽车__________位于车辆头部______，用于夜间行车照明，具有_______和_______的功能，是汽车非常重要的照明装置。

3. 汽车前照灯一般由_______、___________、__________三部分组成。

4. 雾灯的光色为_______或______，主要用于雨雾天气或低能见度情况下行车时的道路照明与安全提示。

5. __________是夜间或者天色较暗时和示廓灯一起打开的用以照亮牌照的灯。

二、选择题（将正确答案的序号填入括号内）

1．合理使用前照灯，应做到会车时使用（　　）。

A．近光　　B．远光

C．远近光　　D．近远光

2．合理使用前照灯，应做到使用（　　）来提示对面或前方行驶车辆注意避让。

A．近光　　B．远光

C．变换远近光　　D．尾灯光

3．前雾灯一般为明亮的（　　）。

A．红色　　B．黄色

C．白色　　D．以上均可

4．后雾灯一般为（　　）。

A．红色　　B．黄色

C．白色　　D．以上均可

5．汽车前照灯中（　　）的作用是将反射出的平行光束进行折射，使车前的路面有良好而均匀的照明。

A．灯泡　　B．反射镜

C．配光镜　　D．以上均可

三、判断题（正确的在括号内打“√”，错误的在括号内打“×”）

1．行李舱灯是指为行李舱提供照明的小灯。（　　）

2．汽车前照灯中配光镜的作用是最大限度地将灯泡发出的光线聚合成强光束，以增加照射距离。（　　）

3．车辆装备应包括所有常规装备，如备胎、工具、千斤顶、灭火器等。（　　）

4．前照灯光束在水平和垂直方向都应符合相关要求。（　　）

5．在拆卸雾灯时，应先拆卸雾灯的固定螺栓和螺母，再断开蓄电池负极。（　　）

四、简答题

1．简述牌照灯的作用及相关要求。

2. 简述前照灯和雾灯光束的调整要求。

3. 简述行李舱灯的拆装步骤。

项目三 车身钣金件的修复

任务 1 门板的挖补

一、填空题（将正确答案填写在横线上）

1. 汽车门板的划痕、损伤、凹陷、锈孔等问题，通常可以通过________、___________、________等方法来解决，恢复其形状、强度和性能。

2. 氧气瓶是贮存和运输氧气的钢制高压容器。瓶内压力一般约为_________，在此压力下可贮存______氧气。

3. 调节器的作用是把贮存在气瓶内的高压气体转换为工作需要的低压气体，并保持输出气体的_______和_______稳定不变。

4. 根据工作压力的不同，回火防止器可分为___________回火防止器和___________回火防止器。

5. 气焊时，通常左手持__________，右手持__________，两手动作应协调，沿焊缝向左或向右对板件进行焊接。

二、选择题（将正确答案的序号填入括号内）

1. 我国生产的氧气瓶瓶身漆成（　　），用黑漆写有“氧”字样。

A．红色　　B．天蓝色

C．白色　　D．黑色

2. 乙炔瓶外表漆成（　　），并用红漆写有“乙炔”字样。

A．白色　　B．天蓝色

C．黑色　　D．红色

3. 回火防止器可以防止回火导致的（　　）发生器的爆炸，同时还可以对气体进行过滤，提高其纯度。

A．氧气　　B．二氧化碳

C．乙炔　　D．氩气

4. 使用水封式回火防止器时，若环境温度低于 0 ℃，可加入（　　）或食盐防止冻结。

A．温水　　B．热水

C．冷水　　D．冰水

5. 割炬的作用是使（　　）和氧气混合、燃烧，形成有一定热能和形状的预热火焰。

A．助燃气体　　B．惰性气体

C．可燃气体　　D．普通气体

三、判断题（正确的在括号内打“√”，错误的在括号内打“×”）

1．使用调节器时，应先连接输气胶管，再检查有无漏气现象。（　　）

2．严禁振动和撞击乙炔瓶瓶体，瓶体必须保持直立，严禁卧置，定期检查，严禁漏气。（　　）

3．焊炬可分为射吸式焊炬和等压式焊炬两种。（　　）

4．乙炔瓶的瓶内气体必须用尽。（　　）

5．施工现场应配置消防设备。（　　）

四、简答题

1．简述对汽车门板进行挖补、焊接过程中的安全注意事项。

2．焊接过程中，氧气阀门和乙炔阀门的调节顺序是怎样的？

3．简述门板焊接的操作步骤。

任务2　门槛的修复

一、填空题（将正确答案填写在横线上）

1．惰性气体保护焊设备主要由__________、送丝装置、____________、____________、__________、__________、__________等部分组成。

2．车身修理中使用的焊丝型号是______________，所用焊丝的直径为__________mm。

3．当电弧电压过低时，电弧长度___________、焊接熔深___________，焊缝呈狭窄的__________状。

4．焊接电流的大小会影响工件的__________、焊丝的熔化速度、__________的稳定性和_______________的数量。

5．焊接时，如果保护气的流量__________，焊痕处将会形成涡流而降低保护层的效果。

二、选择题（将正确答案的序号填入括号内）

1．惰性气体保护焊可使焊接工件（　　）熔化。

A．75%　　B．90%

C．95%　　D．100%

2．C-25 气体由（　　）的氩气和（　　）的二氧化碳组成。

A．25%，75%　　B．75%，25%

C．50%，50%　　D．20%，80%

3．使用惰性气体保护焊设备时，如果送丝轮的压力过（　　），焊丝会在送丝轮上打滑；如果压力过（　　），焊丝会发生变形，导致送丝不稳定。

A．大，小　　B．小，大

C．大，大　　D．小，小

4．随着焊接电流的增大，焊缝宽度会（　　）。

A．减小　　B．不变

C．增大　　　　　　　　　　　　D．保持

5．导电嘴到工件的标准距离为（　　）mm。

A．5 ~ 10　　　　　　　　　　　B．7 ~ 15

C．9 ~ 17　　　　　　　　　　　D．15 ~ 20

三、判断题（正确的在括号内打“√”，错误的在括号内打“×”）

1．焊接时，正确的焊接角度应为20° ~ 30°。（　　）

2．惰性气体保护焊的焊接质量高、速度快、性能稳定。（　　）

3．焊机电源的核心是变压器，它把220 V或380 V的电压转变成10 V左右的低电压，同时将电流变得很小。（　　）

4．当电弧电压过高时，电弧长度较大，焊接熔深较小，焊缝呈扁平状。（　　）

5．门槛焊接前，需先对焊件进行定位，并在门槛的损伤部位喷涂防锈漆，防止表面氧化腐蚀。（　　）

四、简答题

1．简述惰性气体保护焊的特点。

2．进行惰性气体保护焊之前需调整哪些参数？

3. 简述汽车门槛的修理步骤。

任务3　后翼子板的切割与焊修

一、填空题（将正确答案填写在横线上）

1. 电阻点焊机由__________、________________和带有可更换电极臂的焊炬组成。

2. 电阻点焊的焊点质量可以通过____________或________________进行检验。

3. 后翼子板修理主要分_________、_____________________和_________等步骤进行。

4. 金属工件表面上的涂层、锈斑、灰尘或其他污染物会________焊接电流，从而使焊接质量降低。

5. 修理使用的电阻点焊机的功率一般______制造厂的点焊机功率，因此，在修理时应将焊点数量增加______左右。

二、选择题（将正确答案的序号填入括号内）

1. 电阻点焊是利用（　　）、高强度的电流通过紧夹在一起的两块金属板时产生的大量电阻热，用焊炬电极产生的压力把它们熔合在一起的。

A. 低电压　　B. 中电压

C. 高电压　　D. 超高电压

2．维修人员在修理车身时，如果多个电极臂都可以用来焊接某一部位，则应尽量选择（　　）的电极臂。

A．最长　　B．较长

C．最短　　D．零距离

3．电极头直径增大，焊点的直径将（　　）。

A．增加　　B．减小

C．不变　　D．无所谓

4．进行点焊操作时，电极和金属工件之间的夹角应为（　　）。

A．30°　　B．45°

C．60°　　D．90°

5．当工件厚度为 1 mm 时，焊点间距应大于等于（　　）mm。

A．14　　B．17

C．22　　D．30

三、判断题（正确的在括号内打“√”，错误的在括号内打“×”）

1．电阻点焊的焊接过程中会产生烟和蒸汽。（　　）

2．焊接压力和焊接电流过小都会产生焊接飞溅物，导致焊接接头强度降低。（　　）

3．电阻点焊加压时间太短会导致金属熔合不够充分。（　　）

4．车身修理时，每个焊点的焊接时间最好控制在 1 ~ 6 s。（　　）

5．电阻点焊焊接质量外观检查的主要内容包括焊接位置、焊点数量、焊点间距、压痕、气孔、溅出物等。（　　）

四、简答题

1．简述电阻点焊的优点。

2．影响电阻点焊焊接质量的因素有哪些？

3．简述后翼子板的焊接流程。

任务 4　散热器及百叶窗的修复

一、填空题（将正确答案填写在横线上）

1．汽车散热器主要由____________、________、__________、__________及__________等组合而成。

2．百叶窗的结构为栅板式，主要由________、__________、__________和框架构成。

3．散热器外部清洗的目的是清除外表面的污物，提高对损坏部位检查的准确性，并确保外表面的__________效能。

4．换管法就是把损坏的芯管从散热器上拆除，然后换装新管的修理方法。从散热器芯中抽除损坏的芯管可用____________法或______________法。

5．用电阻加热法拆除损坏的芯管时，电阻丝两端应接__________V 交流电。

二、选择题（将正确答案的序号填入括号内）

1．用尖嘴钳拆去破损芯管两边的散热片时，为便于操作，切口应剪成（　　）的斜口。

A．10°～15°　　B．15°～30°

C．30°～45°　　D．45°～60°

2．大修散热器时，更换的芯管数不应超过该散热器芯管总数的（　　）。

A．10%　　B．25%

C．50%　　D．80%

3．清洗散热器内部空腔的主要目的是清除（　　）。

A．纸片　　B．树叶

C．水垢　　D．垃圾

4．电阻加热法需要将一根比芯管长约（　　）mm、直径不小于2 mm的电阻丝插入需要拔出的芯管内。

A．50　　B．70

C．80　　D．100

5．芯管接好后，用厚（　　）mm的铜板制成“w”形状的卡条，卡在接管两侧，尽可能恢复散热器芯管的散热效能。

A．0.3 ~ 0.6　　B．0.6 ~ 0.8

C．0.2 ~ 0.4　　D．0.5 ~ 1.0

三、判断题（正确的在括号内打“√”，错误的在括号内打“×”）

1．散热器又称水箱，需定期对其进行检查和清洗，对碰伤、裂纹等漏水部位及时进行焊补，清除水垢，恢复管道畅通。（　　）

2．散热器外部可用高压水流喷洗或用水蒸气清洗。（　　）

3．散热器的水室一般不宜多次拆卸。（　　）

4．散热器芯管焊修后，按原厂设计要求焊装水室，无须作试漏检验。（　　）

5．拆除损坏的散热器芯管时，应逆着芯管孔的翻边方向拔出。（　　）

四、简答题

1．简述散热器的功用。

2．简述散热器接管的具体操作步骤。

3．简述百叶窗的功用。

任务 5　不锈钢保险杠的修复

一、填空题（将正确答案填写在横线上）

1．氩弧焊是使用________作为保护气体的一种惰性气体保护焊。

2．氩弧焊焊接的过程中，氩气流从____________中连续喷出，在电弧区形成严密的保护气层，将________和___________与空气隔离。

3．根据所用电极材料的不同，氩弧焊可分为________氩弧焊和____________氩弧焊。

4．______________简称“TIG”焊。

5．钨极氩弧焊的主要焊接参数有：______________、______________、______________、______________、____________、喷嘴直径、喷嘴与焊件间的距离、钨极伸出长度等。

6．氩弧焊影响人体的有害因素有________、________________和____________。

二、选择题（将正确答案的序号填入括号内）

1．熔化极氩弧焊用（　　）作为熔化电极。

A．纯钨　　B．填充焊丝

C．钍钨　　D．其他材料

2．熔化极氩弧焊的操作过程中（　　）在焊丝与焊件之间燃烧。

A．电弧　　B．熔池

C．电流　　D．材料

3．氩弧焊产生的有害气体主要是（　　）。

A．一氧化碳　　B．氟化氢

C．臭氧和氮氧化物　　　　D．臭氧和一氧化碳

4．钍钨极、铈钨极应存放于（　　）盒内保存。

A．铝　　　　B．铁

C．铅　　　　D．塑料

5．氩气是一种（　　）无味的气体，在空气中的含量为 0.935%（按体积计算），氩气的沸点为 −186 ℃。

A．红色　　　　B．天蓝色

C．白色　　　　D．无色

三、判断题（正确的在括号内打“√”，错误的在括号内打“×”）

1．氩弧焊的电弧燃烧稳定、热量集中、弧柱温度高，焊接生产效率低。（　　）

2．氩弧焊不受焊件位置限制，可进行全位置焊接。（　　）

3．氩弧焊机的操纵按钮不得远离电弧。（　　）

4．氩气的优点是电离势较高。（　　）

5．氩弧焊几乎能焊接所有金属，特别是一些难熔金属及易氧化金属，如镁、钛、钼、锆、铝等及其合金。（　　）

6．氩气的比热容小，热传导能力强，电弧中的热量不易散失。（　　）

四、简答题

1．简述氩弧焊的缺点。

2．氩弧焊的安全防护措施有哪些？

项目四　钣金件的制作

任务 1　钣金件的划线与下料

一、填空题（将正确答案填写在横线上）

1．________是用来在金属工件上划线的基本工具。

2．为了能在工件上划出清晰的标记线，划针尖端非常锐利，尖端角度一般为________，且具有耐磨性。

3．圆规用来在金属工件上划____或________，并可测量两点间的距离或直接将钢直尺上的尺寸移到金属工件上。

4．________主要用来冲圆心或钻孔时冲中心孔。

5．手动剪刀分为________和___________，一般用于某种条件下单件生产或半成品的修整工作。

6．剪板机分为___________和___________，一般用于批量件的规模生产。

7．剪板机的原理是借助于运动的__________和固定的_________，采用合理的刀片间隙，将板料按需要的尺寸剪切分离。

8．脚踏式剪板机的剪切质量好、切口______、边线______、无毛边。

二、选择题（将正确答案的序号填入括号内）

1．划针的直径一般为（　　）mm。

A．4 ~ 6　　B．6 ~ 8

C．8 ~ 10　　D．10 ~ 12

2．剪切内圆时应从（　　）下剪，按逆时针方向剪切，边料会随着剪刀的移动而向上卷起。

A．左边　　B．右边

C．中间　　D．上边

3．下列不属于剪板机的是（　　）。

A．脚踏式（人力）剪板机　　B．机械式剪板机

C．手动剪刀　　D．液压摆式剪板机

4．手剪刀只能剪切厚度为（　　）mm 以下的金属板料。

A．0.8　　B．1.0

C．1.2　　D．2.0

三、判断题（正确的在括号内打“√”，错误的在括号内打“×”）

1．划针一般由低碳钢或中碳钢制成。 （ ）

2．脚踏式剪板机要经常注油，以便润滑。 （ ）

3．长短搭配法适用于条形工件的下料。下料时先将较长的工件排出来，然后再根据长度排短工件。 （ ）

4．钢直尺的测量精度不高，只能读出厘米数。 （ ）

5．圆规脚上焊有硬质合金。 （ ）

四、简答题

1．简述厚料的剪切方法。

2．简述外圆的剪切方法。

3．常用的下料方法有哪些？

任务 2　四棱台和斜口圆柱体的放样

一、填空题（将正确答案填写在横线上）

1．钣金放样在汽车制造及维修中有着广泛的应用，车身________、车身大梁、________、排气管等都是由钣金材料制成的。

2．放样基准即______________，是放样时的基准点、基准线、基准面。

3．________________以空间直线段的一个投影作为一条直角边，以另一个投影两端点的空间距离（高度差）作为另一条直角边，那么其斜边长度就等于所求线段的实长。

4．直角梯形法以空间直线段在某个视图中的投影作为直角梯形的一个______，以空间直线段在另一个视图中投影的两端点到___________的垂直距离分别作为直角梯形的两个底，则另一个腰的长度就是空间直线段的实长。

5．____________就是保持投影面不变，使倾斜直线以垂直于某一投影面的直线为轴，旋转成与投影面相互平行的直线，则直线在与其平行的投影面上的投影就反映了它的______。

二、选择题（将正确答案的序号填入括号内）

1．放样即根据施工图的要求，按投影的原理，把构件的形状、尺寸按（　　）划到施工板料或样板材料上。

A．1 ∶ 1　　　　B．1 ∶ 2

C．2 ∶ 1　　　　D．1 ∶ 3

2．（　　）适用于展开表面的素线（或棱线）与轴线相交于一点的各种锥体构件。

A．平行线展开法　　　　B．放射线展开法

C．展开型展开法　　　　D．以上均可

3．（　　）主要适用于构件表面的素线或棱线互相平行的柱体。

A．平行线展开法　　　　B．放射线展开法

C．展开型展开法　　　　D．以上均可

三、判断题（正确的在括号内打“√”，错误的在括号内打“×”）

1．根据形体表面特征的不同，放样的方法可分为放射线展开法和平行线展开法两种。（　　）

2．放样时，垂直线可以用 90° 角尺划出。（　　）

3．用圆规在金属板料上划圆、划弧时，为防止圆规脚滑移，需要先用样冲冲出定位点。（　　）

4．为了划出各表面的实形，必须掌握构成表面各线段的实长。（　　）

5．放射线展开法十分精确，得到的展开图不存在误差。（　　）

四、简答题

1．简述放样的原则。

2．简述放样的步骤。

3．简述平行线展开法的原理。

任务3　窗沿（加强筋）的制作

一、填空题（将正确答案填写在横线上）

1. 弯曲变形区域的内层受________，外层受________，而中性层的长度基本不变。
2. 最小弯曲半径指弯曲零部件的内弯曲半径所允许的____________。
3. 将较薄的金属板料加工成凸凹面形状的零件的工艺过程称为______。
4. 拱曲主要可分为__________和__________。
5. 影响最小弯曲半径的因素有零部件的__________、热处理方式、弯曲线与纤维方向的________等。

二、选择题（将正确答案的序号填入括号内）

1. 进行顶杆手工拱曲操作时，锤击的击打点要（　　）。

A．稀疏　　B．稠密

C．不均匀　　D．以上均不正确

2. 对 ＿┌┐＿ 形件进行弯曲前需要进行（　　）划线。

A．单面　　B．双面

C．三面　　D．圆规

3. 顶杆手工拱曲的零件材料应具有较好的（　　）。

A．韧性　　B．硬度

C．塑性　　D．强度

4. 进行顶杆手工拱曲时，应首先将金属板料的（　　）制出皱褶。

A．中间　　B．边缘

C．中间和边缘之间　　D．以上均可

三、判断题（正确的在括号内打"√"，错误的在括号内打"×"）

1. 弯曲和拱曲是汽车钣金维修的基本操作方法。（　　）
2. 顶杆手工拱曲主要用于制作拱曲深度较大的零件。（　　）
3. 胎模手工拱曲适用于尺寸较小、拱曲深度较大的零件。（　　）
4. 进行胎模手工拱曲的过程中，要将板料压紧在胎模上，用锤子从中心部位开始逐渐向边缘锤击。（　　）

四、简答题

1. 简述 ∟ 形件的弯曲方法。

2．简述冷拱曲的原理。

3．简述胎模手工拱曲的步骤。

任务4　翼眉的制作

一、填空题（将正确答案填写在横线上）

1．通过使板料边缘延伸变薄而将其弯曲成型的方法称为______。

2．打薄放边的效果显著，但表面粗糙，厚薄________。

3．拉薄放边的表面光滑，厚度均匀，但容易________，因此应用较少。

4．常见的收边方法有____________收边和________收边两种。

5．打薄放边是将直角材料放置在铁砧或平台上捶击其边缘，使边缘材料变______、面积________、弯边伸长。

二、选择题（将正确答案的序号填入括号内）

1．收边是指通过使工件（　　）起皱收缩而弯曲成型的一种方法。

A．单边　　B．双边

C．多边　　D．以上均可

2．在放边操作的过程中，应根据工件的形状，用锤子的錾口端依次敲击弯曲件的单面，用力要（　　），并不断与规定尺寸和形状比较。

A．内轻外重　　B．内重外轻

C．中等　　D．较轻

3．放边操作的第一步是根据工件要求进行下料，并将其弯曲（　　）。

A．30°　　B．45°

C．60°　　D．90°

三、判断题（正确的在括号内打“√”，错误的在括号内打“×”）

1．打薄放边时，靠近直角材料边缘的部分伸长较小。（　　）

2．用起皱钳收边时，首先需要将工件折弯。（　　）

3．搂弯收边要将板料夹在型胎上，并用铝棒顶住板料。（　　）

4．搂弯收边使板料逐渐收缩并紧靠型胎。（　　）

四、简答题

1．常见的放边方法有哪些？

2．简述起皱钳收边的操作步骤。

任务 5　发动机罩外边的制作

一、填空题（将正确答案填写在横线上）

1．卷边分为______________和______________两种。

2．_______是指将两块板料分别制成榫形并扣在一起的工艺，也称咬接、咬口。

3．咬缝的种类很多，根据结构不同可分为______、单扣和双扣；根据形状不同可分为立扣和______。

4．卷边操作的过程中，需要将板料按划线弯折成__________。

二、选择题（将正确答案的序号填入括号内）

1．许多车身构件都是采用咬缝并附加（　　）的方式连接的。

A．铆钉　　B．电弧焊

C．点焊　　D．压焊

2．卷边的目的是增强边缘的刚度和（　　）。

A．塑性　　B．硬度

C．强度　　D．韧性

3．划卷边线如图 4–1 所示，其中 L_1 约为铁丝直径（L_2）的（　　）倍。

A．2　　B．2.2

C．2.5　　D．2.8

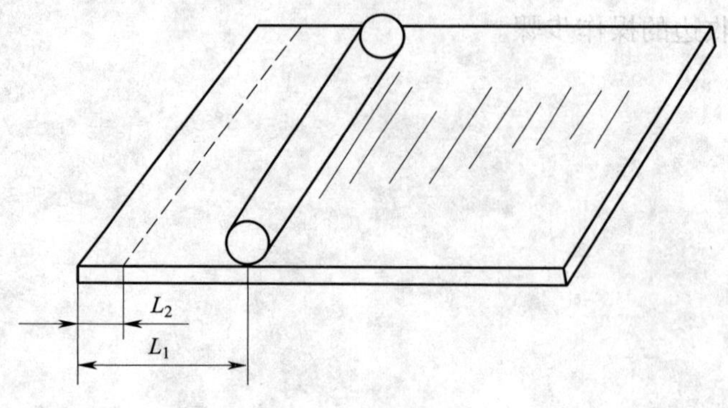

图 4-1 划卷边线

三、判断题（正确的在括号内打“√”，错误的在括号内打“×”）

1．修复损伤的发动机罩，首先需将其拆卸，并对发动机罩内、外板进行分离，将其卷边的外边拆卸，然后进行整平操作，最后将其咬缝焊修。（ ）

2．卷边操作的过程中，应用木锤或铆钉锤敲击板料边缘，使板料边缘包住铁丝。（ ）

3．咬缝操作不必在板料的正面和反面分别划线。（ ）

四、简答题

1．简述卷边的操作步骤。

2. 简述咬缝的操作步骤。

项目五 车身玻璃件、塑料板件和铝件的修复

任务 1 汽车玻璃的拆装

一、填空题（将正确答案填写在横线上）

1．根据材料的不同，汽车玻璃可分为________玻璃、______________玻璃、________________玻璃。

2．层压安全玻璃是由两块或三块薄玻璃板以及玻璃板中间夹入的一层_______________组合而成的。

3．对前风窗玻璃的小坑或小洞进行修补时，需要用________灯对树脂液体进行烘烤。

4．安装汽车玻璃前应先对玻璃和窗框进行清理，再把橡胶条安装在玻璃上，并在橡胶条的凸缘槽内埋入____________。

二、选择题（将正确答案的序号填入括号内）

1．（　　）玻璃一般不作为汽车的前风窗玻璃，原因是它在受撞破裂后，形成的玻璃碎片很小且呈粒状结构，玻璃表面会形成许多细密的条纹，严重影响驾驶员的操作。

A．局部钢化　　B．层压安全

C．钢化　　D．非钢化

2．局部钢化玻璃是通过对部分玻璃进行（　　）处理，使同一块玻璃的各个部位获得不同的冷却程度而得到的。

A．淬火　　B．退火

C．回火　　D．正火

3．（　　）安装方式弥补了为扩大视野而使 A 柱变细导致的刚度不足的缺陷。

A．橡胶条　　B．钢板镶嵌

C．聚氨酯胶粘接　　D．以上均可

4．安装汽车玻璃时，需要在玻璃、橡胶条、窗框三者贴合紧密后，再在橡胶条（　　）贴上胶带纸。

A．顶部　　B．四周

C．底部　　D．左、右两侧

5．安装前风窗玻璃时，为了便于形成高 9 ~ 10 mm、宽 8 ~ 9 mm 的胶层，胶枪嘴切口的大小应为（　　）mm 左右。

A．5　　B．6

C．8　　D．10

三、判断题（正确的在括号内打“√”，错误的在括号内打“×”）

1．修补前风窗玻璃之前需将破损处清洗并烘干。（　　）

2．为了便于安装汽车玻璃，可在橡胶条凸缘槽和车身窗框的边缘涂抹肥皂水。（　　）

3．安装汽车玻璃的过程中，无须在玻璃、橡胶条、窗框之间加注玻璃密封剂。（　　）

4．拆卸用聚氨酯胶粘接的前风窗玻璃时，不可以保留窗框上的胶层。（　　）

5．更换用聚氨酯胶粘接的前风窗玻璃的过程中，待胶粘剂基本硬化后，需要进行水密封性能试验。（　　）

四、简答题

1．简述汽车玻璃的维修方法。

2．汽车玻璃有哪几种装配形式？

3．简述用聚氨酯胶粘接的前风窗玻璃的拆卸方法及注意事项。

任务 2　车身塑料板件的修复

一、填空题（将正确答案填写在横线上）

1．目前，汽车________是塑料用量最大的车身部件之一。

2．根据加热反应的不同，应用在汽车上的塑料主要分为________塑料和________塑料两大类。

3．塑料汽车内饰件主要有仪表板、车门内板、__________、__________、座椅、后护板等。

4．__________塑料的耐热性好，但力学性能较差，可用粘结剂粘合，但不能__________。

5．_________塑料成型方便，_________较好，但_________较差，容易变形，可进行焊接。

6．塑料种类的鉴别方法有查看_________代码、查阅_______________、_____________、____________等。

7．若塑料件损伤面积较小，通常可以通过___________、___________、___________三种方法进行维修。

二、选择题（将正确答案的序号填入括号内）

1．塑料符号 PP 对应的化学材料为（　　）。

A．聚丙烯　　B．聚氨酯
C．聚氯乙烯　　D．聚苯乙烯

2．对塑料板件进行焊接矫正时，喷嘴应与焊件表面平行，距焊件表面（　　）mm。

A．3 ~ 6　　B．6 ~ 12
C．10 ~ 15　　D．15 ~ 20

3．焊接完成后，热塑性塑料的冷却时间大约需要（　　）min。

A．20　　B．30
C．40　　D．50

4．若由热塑性塑料制成的汽车塑料板件发生轻微的弯曲或变形，可以通过（　　）的方法进行维修。

A．胶粘修补　　B．焊接矫正
C．加热矫正　　D．以上均可

5．可选用（　　）目砂纸对焊缝进行粗磨。

A．100　　B．600
C．800　　D．1 000

三、判断题（正确的在括号内打“√”，错误的在括号内打“×”）

1．可以用热肥皂水和塑料清洗剂清洗保险杠杠皮内、外表面。（　　）

2．塑料板件的胶粘修补工艺主要是利用一种高强度胶或环氧树脂胶粘剂，先在损伤部位涂胶粘剂，然后再将塑料板件上的一些细小损伤清洗或打磨干净，随后对维修部位进行打磨和整形，完成对塑料板件的维修。（　　）

3．若塑料浮在水面，则是热塑性塑料；若塑料沉在水底，则是热固性塑料。（　　）

4．可以用热风枪等工具对塑料板件进行加热矫正，一般加热至塑料板件背面刚开始发热即可。（　　）

5．对塑料板件进行加热矫正后需要用海绵或抹布浸上冷水压在维修处，快速冷却维修区域。（　　）

6．对塑料板件进行焊接矫正的过程中，开始焊接后应对母材加热多一些。（　　）

四、简答题

1．简述对塑料板件进行胶粘修补的操作过程。

2．简述对塑料板件进行加热矫正的操作过程。

3. 简述保险杠的修复步骤。

任务 3　车身铝件的修复

一、填空题（将正确答案填写在横线上）

1. 铝金属由于其具有质轻、______、_________、弹性好、比刚度和比强度高、抗冲击性能优良、_________________、再生性高等优点，成为了汽车轻量化的首选材料。

2. 铝是________色轻金属，密度较小，约为________g/cm^3。

3. 铝具有极强的____________能力，因为在空气中铝的表面会生成致密的_________，但铝不耐酸、碱、盐的腐蚀。

4. 铝的熔点较低、______________较差，维修人员需要使用专用工具及特殊的工艺方法进行修复。

5. 铝质车身的连接处多采用________或_________、_________共用的连接方式。

二、选择题（将正确答案的序号填入括号内）

1. 输送等量的电，铝线的质量只有铜线的（　　）。

A．2/3　　B．1/2

C．1/3　　D．1/4

2. 对铝板进行小范围和薄边的打磨，应使用双向砂轮机或电动抛光机，转速应低于（　　）r/min。

A．1 500　　B．2 000

C．2 500　　D．3 000

3. 对铝板进行打磨时，要防止高速砂轮机上粗糙的砂轮烧穿柔软的铝，还要防止打磨过程中产生的（　　）使铝板弯曲。

A．热量　　　　　　　　　　　B．飞屑

C．火花　　　　　　　　　　　D．振动

4．铝质车身修复需要独立的维修空间和（　　）吸尘系统。

A．防火　　　　　　　　　　　B．防振

C．防爆　　　　　　　　　　　D．防污染

三、判断题（正确的在括号内打"√"，错误的在括号内打"×"）

1．铝质车身的修复与传统钢质车身的修复方法基本相同。（　　）

2．建议采用锤子不在垫铁上的敲击方法来校正铝板。（　　）

3．铝焊钉的头部有一个小尖与板件接触，接触面积小，电阻大，产生的热量多，容易焊接。（　　）

4．铝焊钉是一次性用品。（　　）

5．铝板外形修复机是通过大功率的变压器来完成焊接的。（　　）

四、简答题

1．简述铝的特性。

2．简述使用铝板外形修复机对铝板进行修复的步骤。

项目六　车身测量与校正

任务1　车身的测量

一、填空题（将正确答案填写在横线上）

1. ____________是汽车钣金维修过程中的一个必要程序，小到用常用测量工具测量，大到用专业的测量设备和软件进行测量。

2. 汽车维修过程中可以采用先进的设备进行车身测量，例如____________测量法和____________测量法。

3. 车身测量的基准主要以________、________和零平面为参考。

4. 汽车的高度尺寸数据是以________为参考测量得到的。

5. 中心面是三维测量的宽度基准，将汽车分成________对称的两大部分。

6. 常用的量规主要有________量规、________量规和麦弗逊撑杆式中心量规等，它们既可以单独使用，也可以相互配合使用。

7. 用轨道式量规进行测量时，测量孔的直径一般比轨道式量规锥头的直径要______，测量头的锥头起________的作用。

8. 麦弗逊撑杆式中心量规可以检测出_____________或__________部件相对于中心面的不对中情况。

9. 如果车身基准点的实际测量数据与标准数据之间的差值超过__________，就必须先对基准点进行校正。

10. 超声波测量系统主要由_________________、控制柜（包括计算机，也称主机）、各种测量接杆及各种测量头等组成。

二、选择题（将正确答案的序号填入括号内）

1. 中心面是三维测量的（　　）基准。

A. 宽度　　B. 长度

C. 高度　　D. 平度

2.（　　）不仅能同时测量所有基准点，而且能使一部分测量更容易、更精确。

A. 机械测量系统　　B. 车身电子测量系统

C. 超声波测量系统　　D. 蓝牙测量系统

3. ○表示测量点是一个孔，□表示测量部件的表面，（　　）表示测量点是一个螺栓。

A. ⎔　　B. ○

C. □　　D. ◇

4．使用轨道式量规测量时，若测量孔直径大于测量头直径且两测量孔直径相等，应使用（　　）。

A．自定心测量法　　B．同缘测量法

C．以上两种都可以　　D．以上两种都不可以

5．（　　）量规多用于测量孔与孔之间的距离。

A．中小　　B．轨道式

C．麦弗逊撑杆式中心　　D．以上均可

6．用同缘测量法测量两孔之间的距离时，两孔外缘间距离为 450 mm，内缘间距离为 430 mm，则两孔中心的距离是（　　）mm。

A．420　　B．430

C．440　　D．500

三、判断题（正确的在括号内打“√”，错误的在括号内打“×”）

1．车身测量工具可以在车身拉伸校对过程中提供实时测量数据。（　　）

2．车身测量前必须找到基准，测量才能顺利进行。（　　）

3．基准面是真实存在的平滑表面。（　　）

4．中心量规不能测量实际尺寸，但能够检验车身是否发生变形。（　　）

5．在修理车身时，必须用轨道式量规对关键控制点反复进行测定并记录，以监测修理进度，防止过度拉伸。（　　）

6．轨道式量规可以对车身下部和车身侧面尺寸进行测量。（　　）

7．在车身图纸中，■可以表示基准。（　　）

8．在使用超声波测量系统进行测量时，可以任意选择测量头和测量接杆。（　　）

9．汽车前端的尺寸大多采用轨道式量规和钢卷尺进行测量。（　　）

四、简答题

1．车身测量的方法有哪些？

2．简述米桥式机械测量的具体操作步骤。

任务 2　车身局部变形损伤的校正

一、填空题（将正确答案填写在横线上）

1．常用的汽车维修工具主要包括___________、____________、钢直尺、扁头锤、鲤鱼钳等。

2．修复门板损伤时多采用外形修复机，外形修复机将______________熔植在凹陷部位的表面对其进行修复。

3．使用外形修复机时，主要通过控制电源开关、_____________旋钮、_____________旋钮等来设定参数。

4．整形设备不仅可以对车身表面进行修复，还能进行____________和____________，应用非常广泛。

二、选择题（将正确答案的序号填入括号内）

1．修复损伤较严重的门板时，应首先（　　）。

A．将门板的内板与外板分离

B．逐一拆卸门板上的附件

C．平整门板的凹陷部位

D．对门板表面进行光洁处理

2．外形修复机利用（　　）的冲击力将凹陷表面拉出。

A．碳棒　　　　B．垫片

C．惯性锤　　　　D．三角片

3．用错位敲击法对门板进行最后修复时，应左手持垫铁抵在（　　）部位，右手持铁锤敲击附近的凸出部位。

A．边缘　　　　B．最高

C．最低　　　　D．中间

三、判断题（正确的在括号内打“√”，错误的在括号内打“×”）

1．正确选择和使用汽车车身维修工具，对于提高维修效率、保障设备完整和人身安全有着十分重要的作用。（　　）

2．外形修复机可以进行点焊、碳棒加热、薄板补焊、局部加热、收火处理等。（　　）

3．外形修复机的特点是方便、省时、费用低。（　　）

4．手工整形整平法适用于损伤程度较轻的部位。（　　）

5．汽车门板的内板只起增强外板刚度的作用。（　　）

四、简答题

1．如何使用外形修复机对表面损伤的门板进行修复？

2．整形设备拉平法与手工整形整平法有哪些区别？

任务 3　车身整体变形损伤的校正

一、填空题（将正确答案填写在横线上）

1. 质量相近的车辆以同样的车速发生碰撞时，碰撞损伤状况与__________有很大关系。

2. 车身校正仪主要由梁身、塔柱、_________________、____________、油泵等组成。

3. 当横向行驶的汽车撞击纵向行驶汽车的侧面时，纵向行驶汽车的中部会产生_______变形。

4. 整体式车身在设计上能够很好地吸收碰撞产生的能量。发生碰撞时，撞击处的车身发生一定的__________，从而吸收一部分碰撞能量。

5. 汽车侧面碰撞损伤时，会造成_________、前部侧板、_________甚至地板发生不同程度的变形。

6. 汽车受到碰撞后，一些沉重部件（如发动机）由于惯性较大会产生巨大的作用力，对车身造成__________。

二、选择题（将正确答案的序号填入括号内）

1. 维修车辆时，汽车挡位必须置于（　　）位置。

A. 空挡　　B. 1 挡
C. 2 挡　　D. R 挡

2. 车身校正仪通常用于校正（　　）的变形。

A. 车身和骨架　　B. 车身和内饰
C. 骨架和内饰　　D. 内饰

3. 当汽车前部发生碰撞时，若碰撞点位于汽车前端较（　　）部位，则会导致车身和车顶后移及后部下沉。

A. 低　　B. 高
C. 左　　D. 右

4. 使用车身校正仪对车身进行拉伸维修的过程中，应将塔柱移动到汽车受力（　　）位置并进行固定。

A. 同方向　　B. 反方向
C. 垂直方向　　D. 以上均可

三、判断题（正确的在括号内打“√”，错误的在括号内打“×”）

1．若碰撞点位于汽车前端下方（低点位置），由于惯性作用，汽车后部会向上翘曲，车顶发生上移。（ ）

2．在使用车身校正仪对车身进行拉伸的过程中，可以使用液压千斤顶作为汽车的支撑。（ ）

3．在进行拉伸前，必须将事故车夹紧，避免拉伸过程中出现滑动。（ ）

4．如果汽车B柱受到撞击，门框变形较大，可采用分离式千斤顶等设备恢复门框的形状和尺寸。（ ）

5．在车身校正过程中，升降平台时，维修人员必须站在车的后面。（ ）

6．在汽车拉伸过程中，需要边拉伸边测量。（ ）

四、简答题

1．简述车身校正仪的组成及其功用。

2．简述汽车碰撞诊断的基本步骤。

3．简述车身校正作业过程中的注意事项。